# MOTS F

# en images

## pour enfants de 6 à 7 ans

### 66 GRILLES - 66 THÈMES DIFFÉRENTS

**ACTUS DEOUF**

MOTS FLÉCHÉS EN IMAGES
POUR ENFANTS DE 6 À 7 ANS
ACTUS DEOUF
ISBN: 9798880383511
1 EDITION 2024

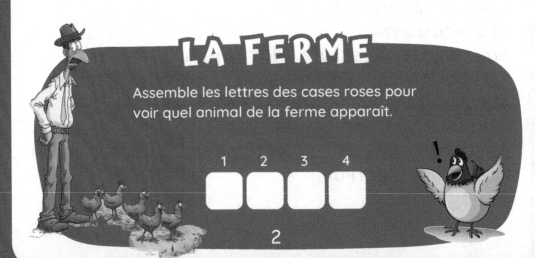

# LA FERME

Assemble les lettres des cases roses pour voir quel animal de la ferme apparaît.

1 2 3 4

# LA SAVANE

Utilise les lettres des cases roses pour trouver un animal qui vit dans la savane.

1 2 3 4

# LE THÉÂTRE

Trouve le mot caché dans les cases roses qui désigne une partie d'une pièce de théâtre.

1   2   3   4

4

# CHEZ LE BOUCHER

Regroupe les lettres cachées dans les cases roses pour révéler une préparation à base de viande.

| 1 | 2 | 3 | 4 |
|---|---|---|---|
|   |   |   |   |

# LE CIRQUE

Découvre quel félin, célèbre au cirque, se cache dans les cases roses.

| 1 | 2 | 3 | 4 | 5 |
|---|---|---|---|---|
|   |   |   |   |   |

# PÂQUES

Trouve le mot caché dans les cases roses qui désigne un légume souvent utilisé en décoration pour Pâques.

1 2 3 4 5 6 7

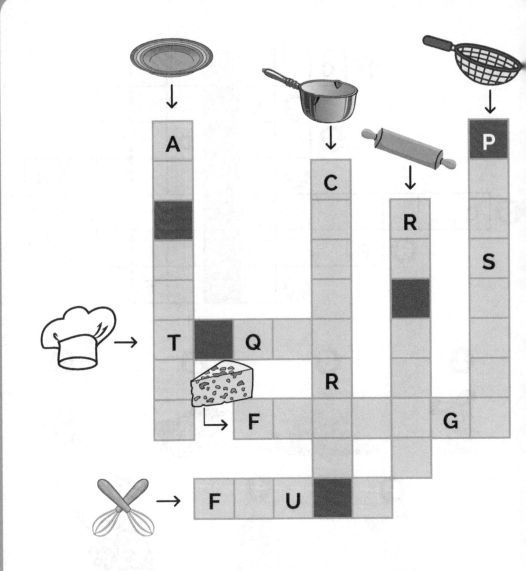

# LA CUISINE

Regroupe les lettres des cases roses pour révéler le nom d'un plat riche en légumes.

| 1 | 2 | 3 | 4 | 5 |
|---|---|---|---|---|
|   |   |   |   |   |

8

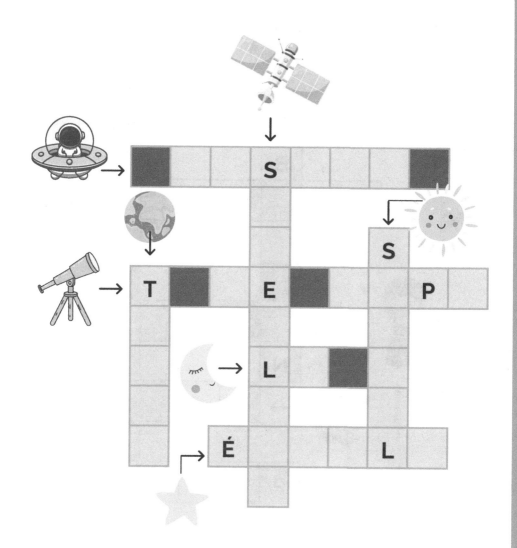

# L'ESPACE

Trouve quelle planète se dissimule
parmi les lettres des cases roses.

1   2   3   4   5

9

# LES CAPITALES

Assemble les lettres des cases roses pour découvrir le nom de la capitale de la Norvège

1  2  3  4

# LE SKI

Utilise les lettres cachées dans les cases roses pour révéler le nom d'un sport pratiqué aussi avec des skis.

1 2 3 4

**①** A ▮

**②** M

**③** G ▮

**④** N

**⑤** L

**⑥** B

**⑦** L

**①**

**③**

**⑤**

**⑦** HOTEL

**②**

**④**

**⑥**

# LES VOYAGES

Regarde bien les cases roses : elles cachent un mot secret à découvrir.

| 1 | 2 | 3 | 4 | 5 | 6 | 7 |
|---|---|---|---|---|---|---|
|   |   |   |   |   |   |   |

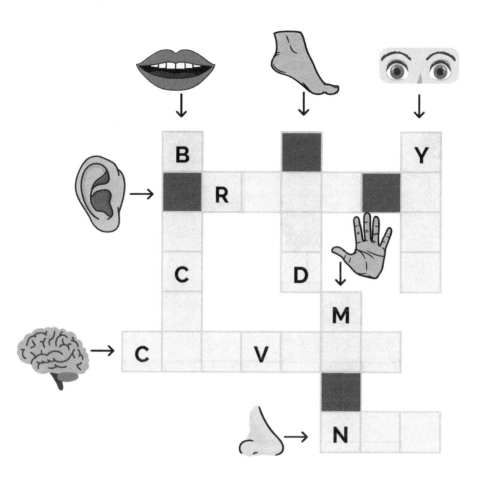

# LE CORPS HUMAIN

Utilise les lettres dans les cases roses pour révéler le mot caché.

1 2 3 4

# LA RÉCRÉATION

Regroupe les lettres cachées dans les cases roses pour révéler où les élèves se rassemblent à la pause.

| 1 | 2 | 3 | 4 |
|---|---|---|---|
|   |   |   |   |

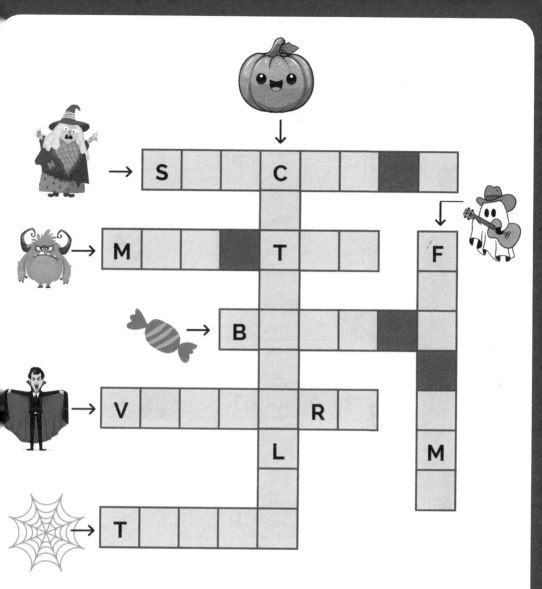

# HALLOWEEN

Trouve dans les cases roses le mot qui désigne ce que les sorcières aiment jeter.

| 1 | 2 | 3 | 4 |
|---|---|---|---|
|   |   |   |   |

P

S E

A

G

A T C

C R

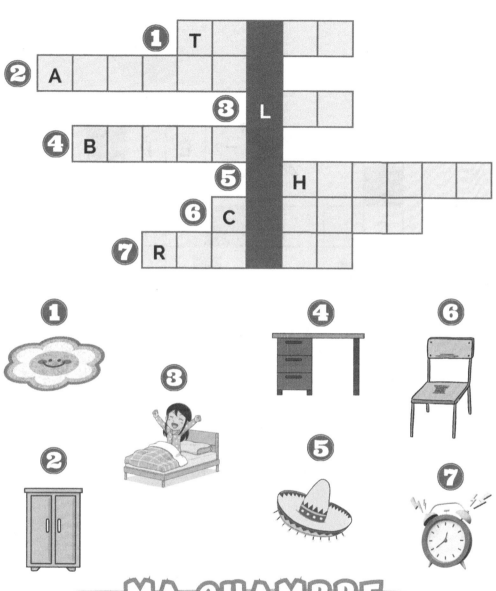

① T

② A

③ L

④ B

⑤ H

⑥ C

⑦ R

# MA CHAMBRE

Regarde bien les cases roses : elles cachent un mot secret à découvrir.

1 2 3 4 5 6 7

17

# LE MOYEN-ÂGE

Assemble les lettres des cases roses pour découvrir ce qui servait de protection dans le passé

| 1 | 2 | 3 | 4 | 5 | 6 |
|---|---|---|---|---|---|
|   |   |   |   |   |   |

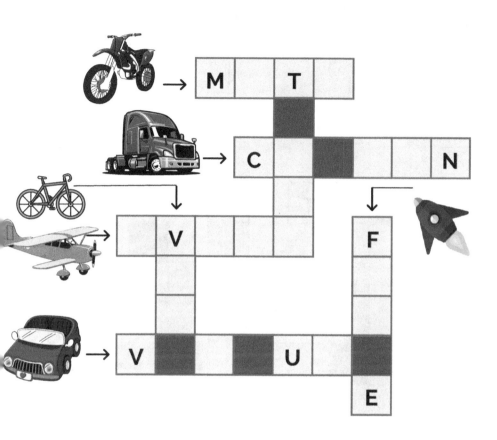

# LES VÉHICULES

Assemble les lettres des cases roses pour révéler quel moyen de transport est typique des grandes villes, y compris Paris.

1  2  3  4  5

# L'HÔPITAL

Regroupe les lettres cachées dans les cases roses pour révéler ce qui est donné par le médecin pour ta guérison.

| 1 | 2 | 3 | 4 | 5 | 6 |
|---|---|---|---|---|---|
|   |   |   |   |   |   |

20

# LES INDIENS

Les cases roses cachent le nom d'une tribu indienne bien connue. Peux-tu le trouver ?

| 1 | 2 | 3 | 4 | 5 | 6 |
|---|---|---|---|---|---|
|   |   |   |   |   |   |

# LES INSECTES

Regarde bien les cases roses : elles cachent un mot secret à découvrir.

| 1 | 2 | 3 | 4 | 5 | 6 | 7 |
|---|---|---|---|---|---|---|
|   |   |   |   |   |   |   |

22

# LA PISCINE

Assemble les lettres des cases roses pour découvrir quel désinfectant garde l'eau de la piscine propre.

1 2 3 4 5 6

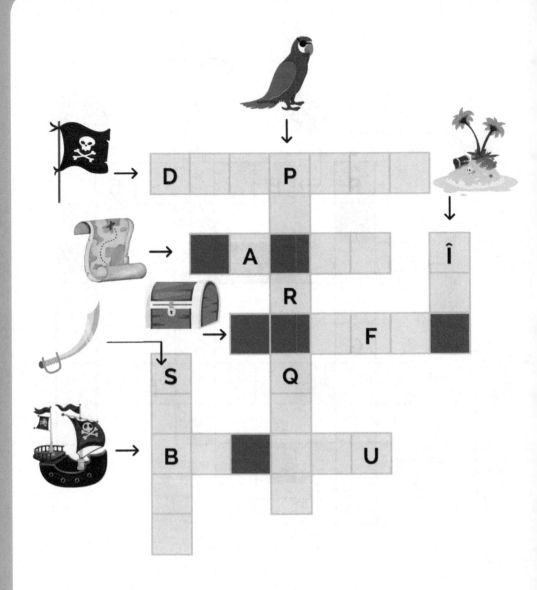

# LES PIRATES

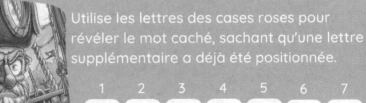

Utilise les lettres des cases roses pour révéler le mot caché, sachant qu'une lettre supplémentaire a déjà été positionnée.

| 1 | 2 | 3 | 4 | 5 | 6 | 7 |
|---|---|---|---|---|---|---|
|   |   |   |   | H |   |   |

24

Regroupe les lettres cachées dans les cases roses pour révéler un petit rongeur.

1  2  3  4  5

# LES FRUITS

Assemble les lettres des cases roses pour découvrir le nom d'un fruit.

| 1 | 2 | 3 | 4 | 5 | 6 |
|---|---|---|---|---|---|
|   |   |   |   |   |   |

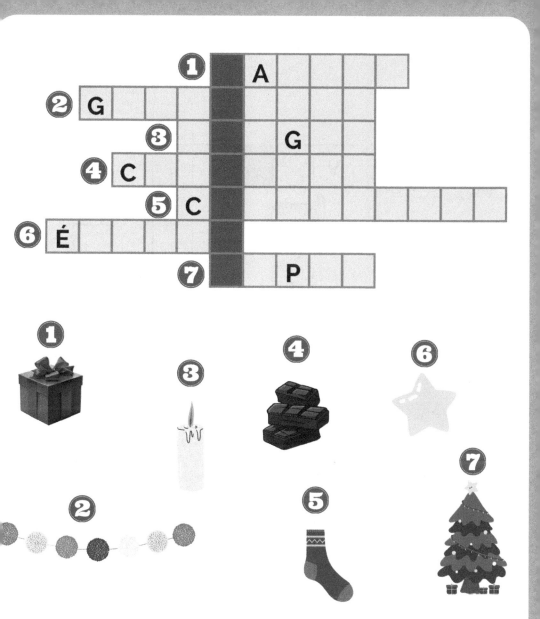

1. A _ _ _ _
2. G _ _ _ _
3. _ _ _ G _ _
4. C _ _ _ _ _
5. C _ _ _ _ _ _ _ _ _ _
6. É _ _ _ _
7. _ _ P _ _

# NOËL

Assemble les lettres des cases roses pour découvrir un objet qui émet un son quand on le frappe.

| 1 | 2 | 3 | 4 | 5 | 6 | 7 |
|---|---|---|---|---|---|---|
|   |   |   |   |   |   |   |

27

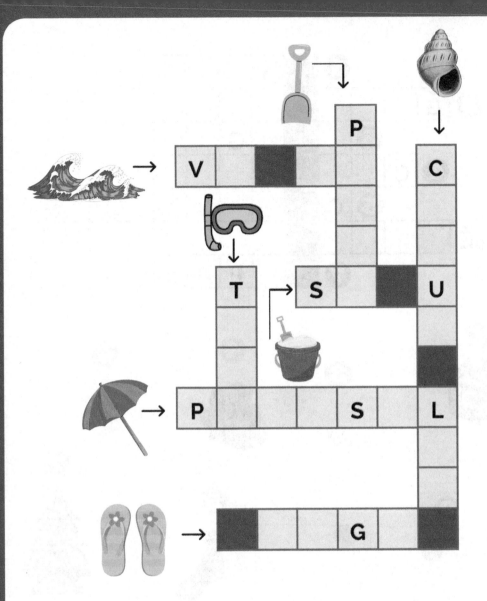

# LA PLAGE

Utilise les lettres cachées dans les cases roses pour révéler un élément souvent trouvé sur des certaines plages.

| 1 | 2 | 3 | 4 | 5 |

# LA MER

Assemble les lettres des cases roses pour découvrir le nom d'un crustacé.

1 2 3 4 5

L _ _ E

C _ _ _ _ _

S _ P _

R _ Q _ _ _ _ _ S

M
A
T
S

# LA NEIGE

Assemble les lettres des cases roses pour découvrir ce qui apparaît quand il fait très froid.

1 2 3 4 5

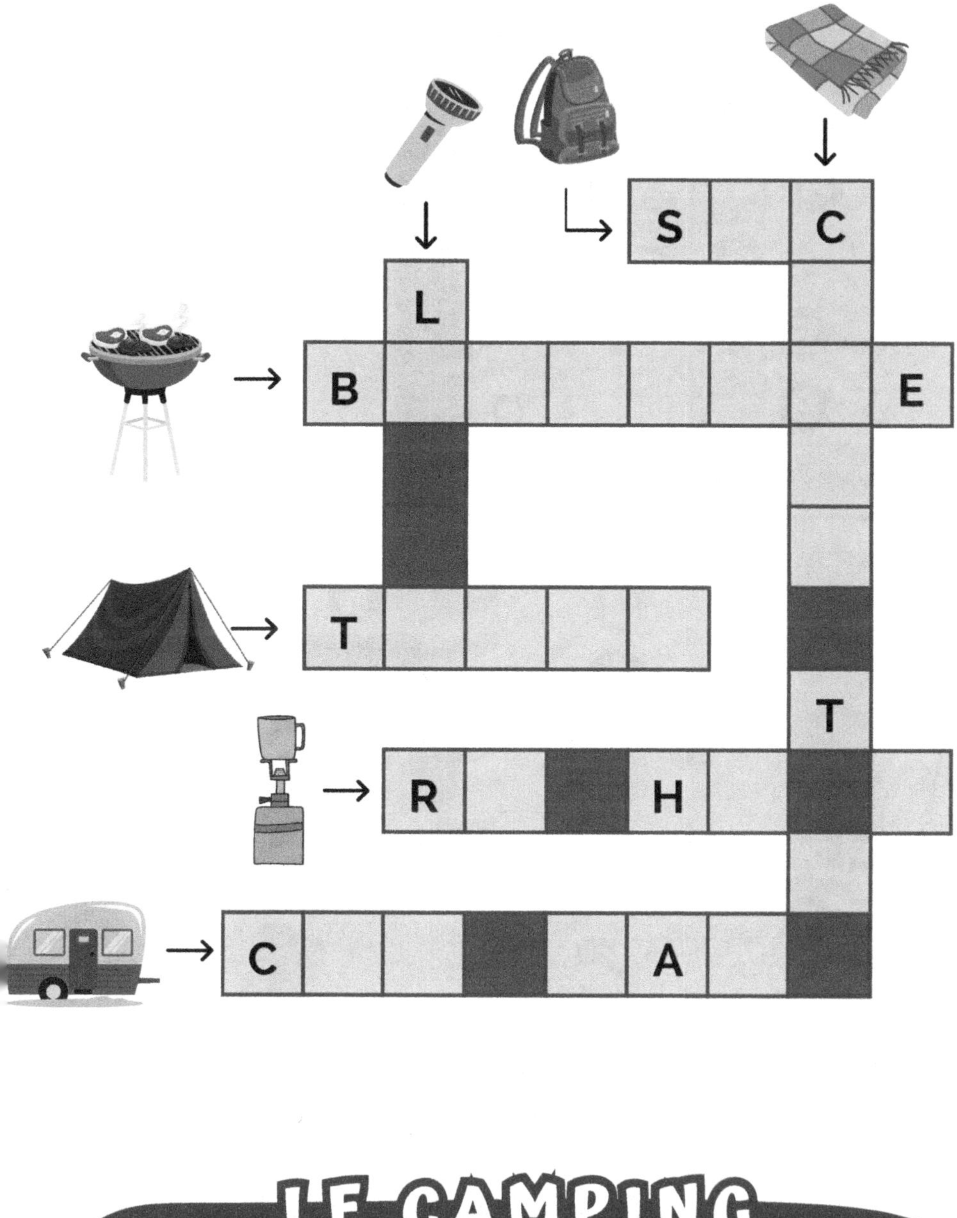


# LE CAMPING

Assemble les lettres des cases roses pour trouver le mot qui nomme quelqu'un qui fait du camping.

1 2 3 4 5 6 7

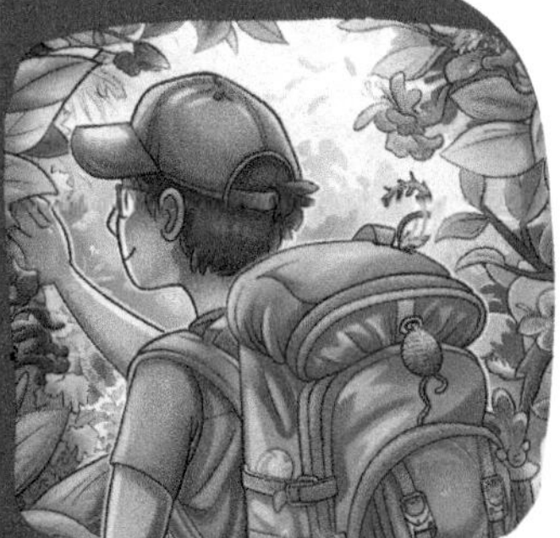

| 1 | J | | | | | | |
| 2 | A | | | | N | | |
| 3 | | | L | | | R | |
| 4 | F | | | | | | |
| 5 | P | | | | S | | R |
| 6 | | | Q | | | | |
| 7 | | M | E | | | | |

# LES MÉTIERS

Utilise les lettres cachées dans les cases roses pour révéler le métier de celui qu'on consulte quand on est malade.

| 1 | 2 | 3 | 4 | 5 | 6 | 7 |
|---|---|---|---|---|---|---|
| | | | | | | |

# LES SPORTS

Utilise les lettres cachées dans les cases roses pour révéler le nom d'un sport de combat.

| 1 | 2 | 3 | 4 | 5 |
|---|---|---|---|---|
|   |   |   |   |   |

# À TABLE

Trouve dans les cases roses quel ustensile de cuisine se cache derrière les lettres.

1 2 3 4

# LE PETIT DÉJEUNER

Regroupe les lettres des cases roses pour découvrir un aliment souvent mangé au petit déjeuner.

| 1 | 2 | 3 | 4 | 5 |
|---|---|---|---|---|
|   |   |   |   |   |

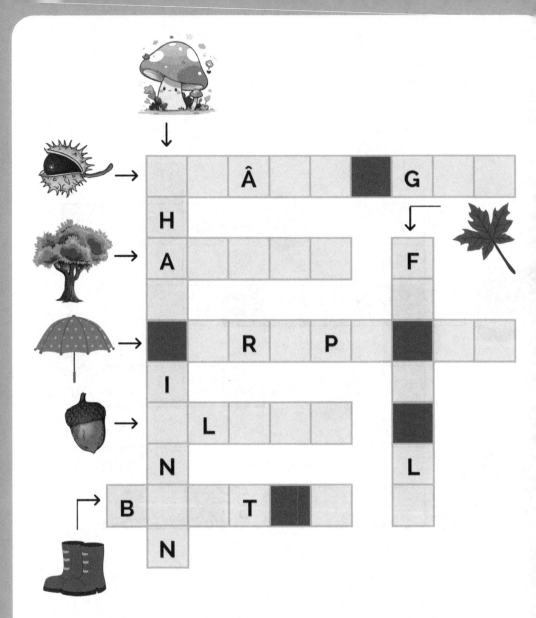

# L'AUTOMNE

Regroupe les lettres des cases roses pour découvrir un phénomène météorologique.

1  2  3  4  5

1. T _ _ _ _ _ _ _
2. H _
3. _ _ L _ _ _
4. S _
5. _ _ _ _ A _
6. _ _ _ T _ _ _
7. _ F _
8. V _ _ _

# LA MUSIQUE

Regroupe les lettres des cases roses pour découvrir le nom d'un instrument de musique.

| 1 | 2 | 3 | 4 | 5 | 6 | 7 | 8 |
|---|---|---|---|---|---|---|---|
|   |   |   |   |   |   |   |   |

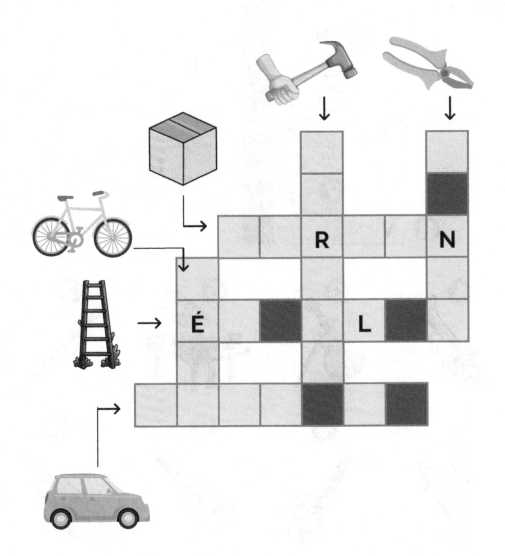

# LE GARAGE

Utilise les lettres cachées dans les cases roses pour révéler ce qui est indispensable à la lubrification du moteur de la voiture.

| 1 | 2 | 3 | 4 | 5 |
|---|---|---|---|---|
|   |   |   |   |   |

# LA FORÊT

Utilise les lettres cachées dans les cases roses pour révéler un animal.

1 2 3 4

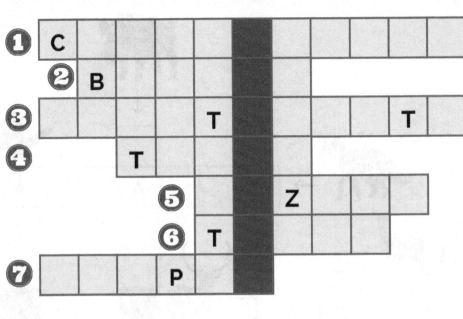

**1.** C _ _ _ _ | _ _ _ _ _

**2.** B _ _ _ _

**3.** _ _ _ _ T _ | _ _ T _

**4.** _ _ T _ _

**5.** _ _ _ Z _ _

**6.** _ T _ _ _ _

**7.** _ _ _ _ P _ _

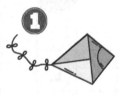

# LES JOUETS

Regroupe les lettres des cases roses
pour découvrir le nom d'un jouet.

| 1 | 2 | 3 | 4 | 5 | 6 | 7 |
|---|---|---|---|---|---|---|
|   |   |   |   |   |   |   |

40

# LES NOMBRES

Assemble les lettres des cases roses pour trouver un nombre.

| 1 | 2 | 3 | 4 | 5 | 6 |
|---|---|---|---|---|---|
|   |   |   |   |   |   |

# LES ESQUIMAUX

Utilise les lettres cachées dans les cases roses pour révéler un animal.

1 2 3 4

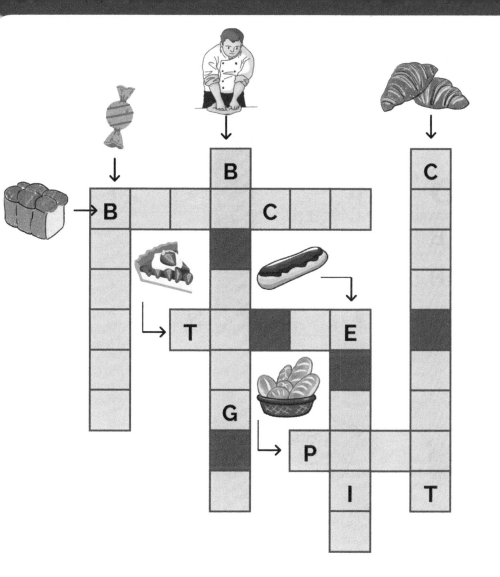

# LA BOULANGERIE

Assemble les lettres des cases roses pour trouver un ingrédient fréquemment utilisé en pâtisserie.

| 1 | 2 | 3 | 4 | 5 |
|---|---|---|---|---|
|   |   |   |   |   |

43

# LA PÊCHE

Regroupe les lettres des cases roses pour découvrir le mot caché.

| 1 | 2 | 3 | 4 | 5 | 6 | 7 |
|---|---|---|---|---|---|---|
|   |   |   |   |   |   |   |

# LA PRÉHISTOIRE

Utilise les lettres cachées dans les cases roses pour révéler une arme employée à l'époque préhistorique.

| 1 | 2 | 3 | 4 | 5 | 6 |
|---|---|---|---|---|---|

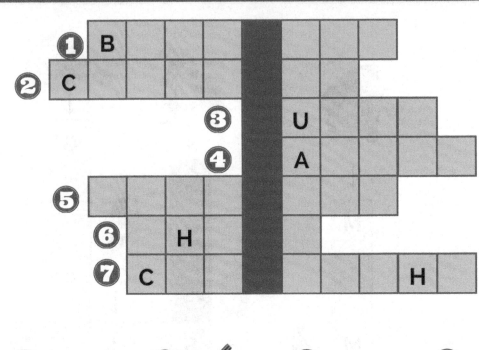

# LA CHASSE

Regroupe les lettres des cases roses
pour découvrir le nom d'un objet.

1 2 3 4 5 6 7

46

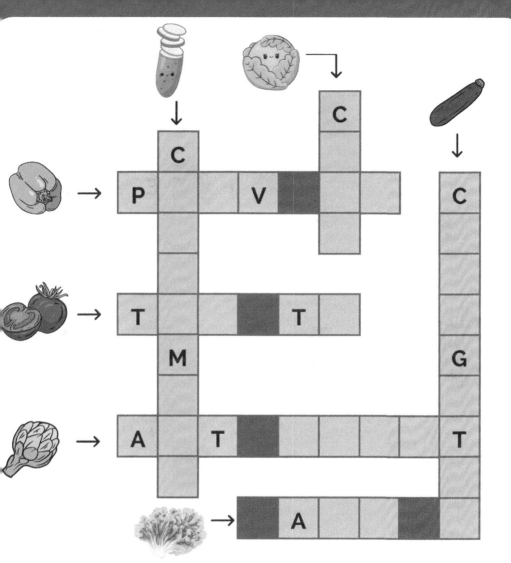

# LES LÉGUMES

Assemble les lettres des cases roses pour trouver un légume qui est rouge et blanc.

| 1 | 2 | 3 | 4 | 5 |
|---|---|---|---|---|
|   |   |   |   |   |

# LES POMPIERS

Assemble les lettres des cases roses pour trouver où habitent les pompiers.

| 1 | 2 | 3 | 4 | 5 | 6 | 7 |
|---|---|---|---|---|---|---|
|   |   |   |   |   |   |   |

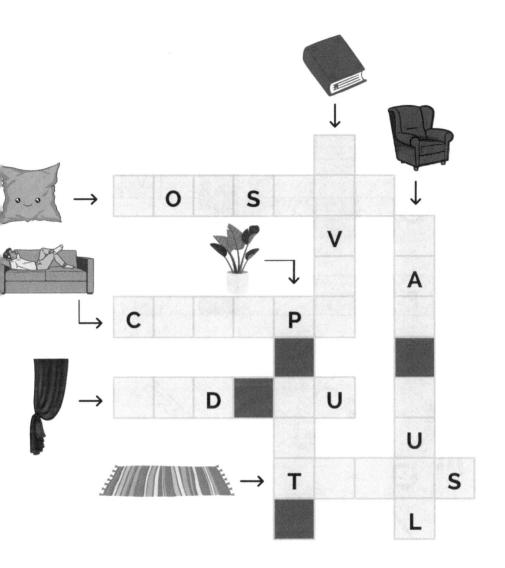

# LE SALON

Assemble les lettres des cases roses pour trouver un objet souvent utilisé pour le divertissement.

1 2 3 4

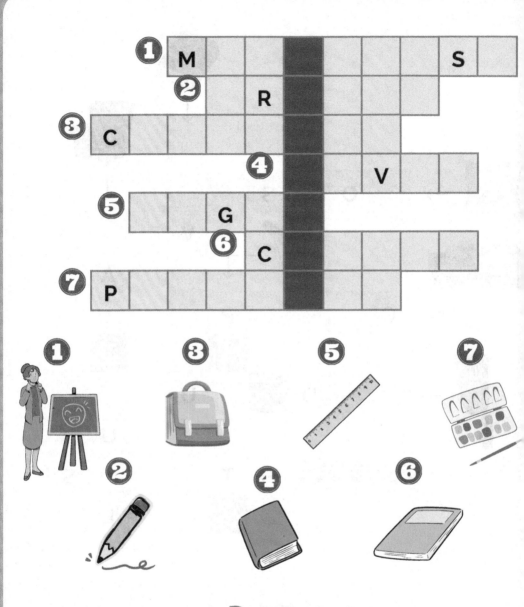

Regroupe les lettres des cases roses pour découvrir le nom d'un objet.

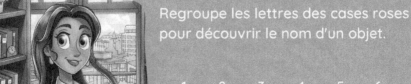

| 1 | 2 | 3 | 4 | 5 | 6 | 7 |
|---|---|---|---|---|---|---|
|   |   |   |   |   |   |   |

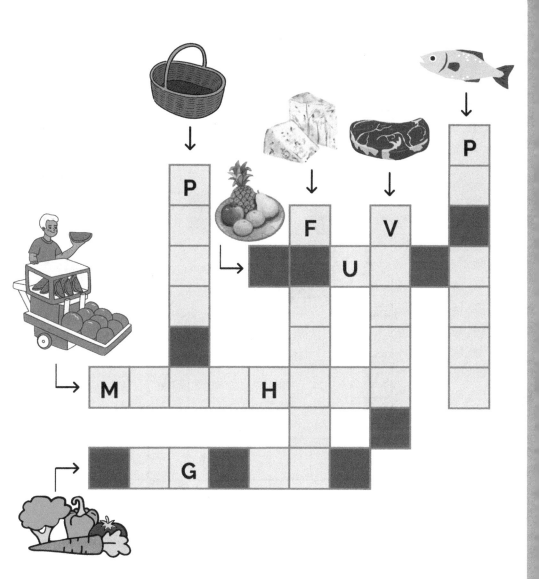

# LE MARCHÉ

Assemble les lettres des cases roses pour trouver la personne qui vend de belles fleurs au marché.

| 1 | 2 | 3 | 4 | 5 | 6 | 7 | 8 | 9 |
|---|---|---|---|---|---|---|---|---|
|   |   |   |   |   |   |   |   |   |

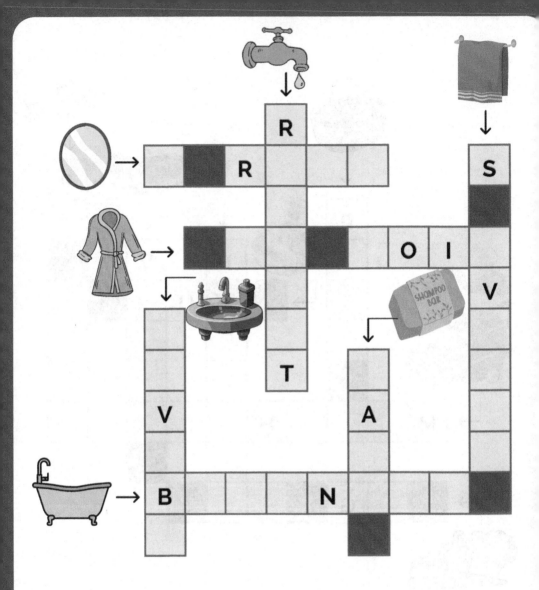

# LA SALLE DE BAIN

Regroupe les lettres des cases roses pour découvrir le mot caché.

| 1 | 2 | 3 | 4 | 5 | 6 |
|---|---|---|---|---|---|
|   |   |   |   |   |   |

52

# LE JARDINAGE

Regroupe les lettres des cases roses
pour découvrir le mot caché.

| 1 | 2 | 3 | 4 | 5 | 6 | 7 |
|---|---|---|---|---|---|---|
|   |   |   |   |   |   |   |

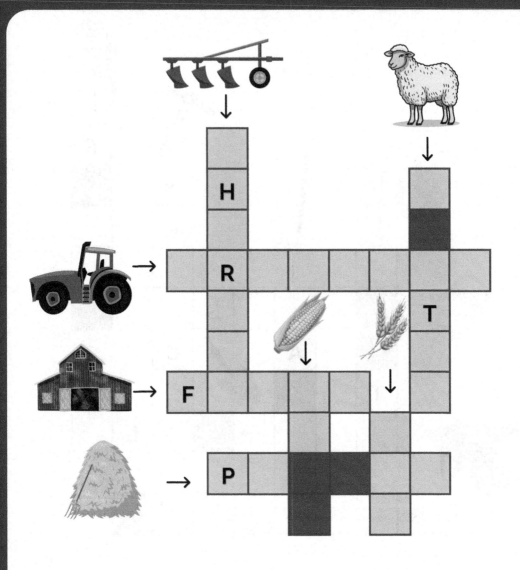

# L'AGRICULTURE

Assemble les lettres des cases roses pour trouver le lieu où l'agriculteur stocke sa récolte.

| 1 | 2 | 3 | 4 |
|---|---|---|---|
|   |   |   |   |

# L'ÉTÉ

Assemble les lettres des cases roses pour trouver ce que l'on voit en abondance sur la plage.

| 1 | 2 | 3 | 4 | 5 |
|---|---|---|---|---|
|   |   |   |   |   |

1. O
2. R
3.
4. A
5. T
6. N
7. M

# EN VOITURE

Regroupe les lettres des cases roses pour découvrir le mot caché.

| 1 | 2 | 3 | 4 | 5 | 6 | 7 |
|---|---|---|---|---|---|---|
|   |   |   |   |   |   |   |

# DANS L'AVION

Utilise les lettres cachées dans les cases roses pour révéler un équipement de sauvetage.

1  2  3  4  5

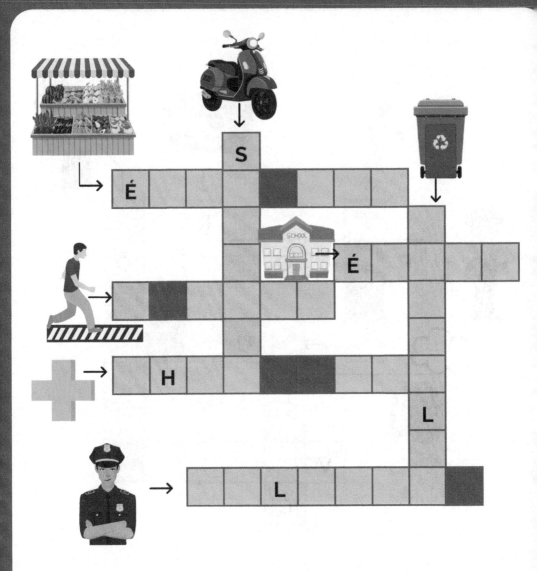

# EN VILLE

Assemble les lettres des cases roses pour trouver le nom d'un personnage clé dans une ville.

| 1 | 2 | 3 | 4 | 5 |
|---|---|---|---|---|
|   |   |   |   |   |

# LA RANDONNÉE

Assemble les lettres des cases roses pour trouver l'objet qui indique l'heure.

| 1 | 2 | 3 | 4 | 5 | 6 |
|---|---|---|---|---|---|
|   |   |   |   |   |   |

59

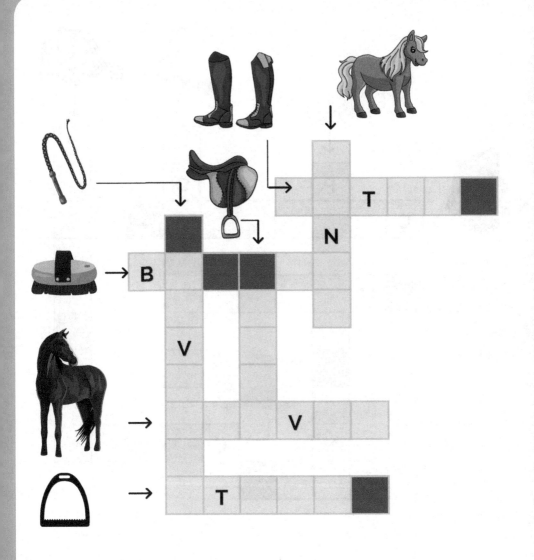

# L'ÉQUITATION

Utilise les lettres cachées dans les cases roses pour révéler une discipline de l'équitation.

| 1 | 2 | 3 | 4 | 5 |
|---|---|---|---|---|
|   |   |   |   |   |

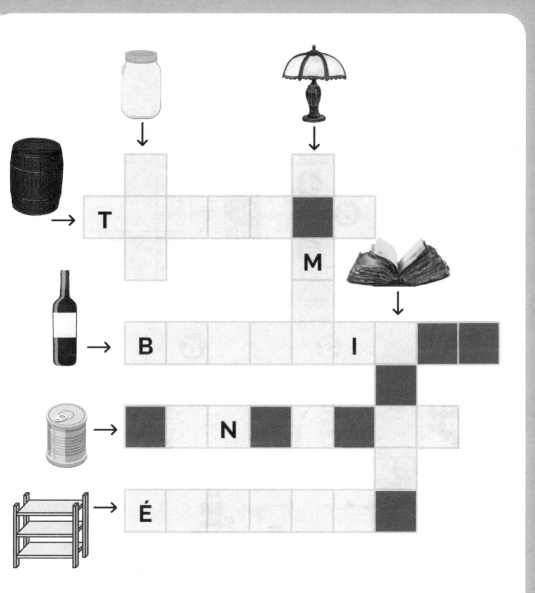

# LA CAVE

Utilise les lettres cachées dans les cases roses pour révéler ce qui mène souvent à la cave.

| 1 | 2 | 3 | 4 | 5 | 6 | 7 | 8 |
|---|---|---|---|---|---|---|---|

# LES COURSES

Regroupe les lettres des cases roses pour découvrir le mot caché.

| 1 | 2 | 3 | 4 | 5 | 6 | 7 |
|---|---|---|---|---|---|---|
|   |   |   |   |   |   |   |

62

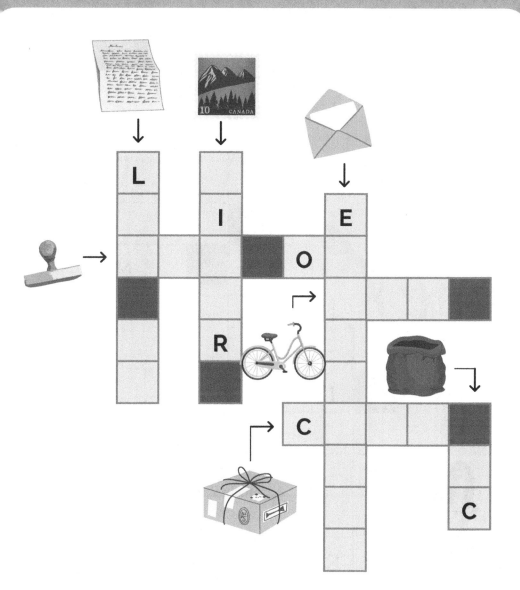

# LE FACTEUR

Utilise les lettres cachées dans les cases roses pour révéler l'endroit où le courrier est trié.

| 1 | 2 | 3 | 4 | 5 |
|---|---|---|---|---|
|   |   |   |   |   |

# LES CHEVEUX

Utilise les lettres cachées dans les cases roses pour révéler ce qu'un coiffeur fait.

| 1 | 2 | 3 | 4 | 5 | 6 | 7 |
|---|---|---|---|---|---|---|
|   |   |   |   |   |   |   |

# LES FLEURS

Regroupe les lettres des cases roses pour trouver ce qui devient une fleur avec le temps et un peu d'eau.

| 1 | 2 | 3 | 4 | 5 | 6 |
|---|---|---|---|---|---|

# LES OISEAUX

Assemble les lettres des cases roses pour trouver le nom d'un petit oiseau qui peut voler en restant sur place.

| 1 | 2 | 3 | 4 | 5 | 6 | 7 |
|---|---|---|---|---|---|---|
|   |   |   |   |   |   |   |

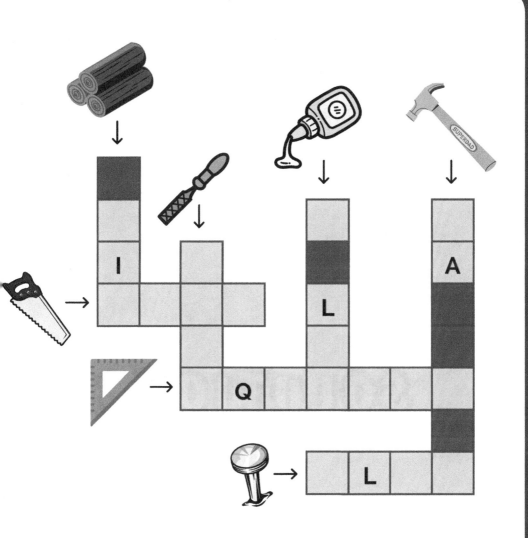

# LE MENUISIER

Utilise les lettres cachées dans les cases roses pour révéler ce que le menuisier passe sur le bois pour enlever les aspérités.

| 1 | 2 | 3 | 4 | 5 |
|---|---|---|---|---|
|   |   |   |   |   |

# SOLUTIONS

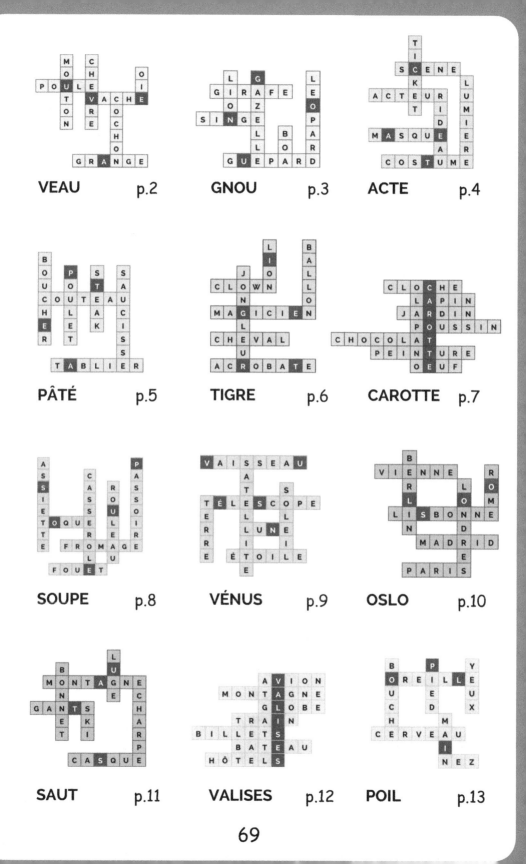

**VEAU** p.2

**GNOU** p.3

**ACTE** p.4

**PÂTÉ** p.5

**TIGRE** p.6

**CAROTTE** p.7

**SOUPE** p.8

**VÉNUS** p.9

**OSLO** p.10

**SAUT** p.11

**VALISES** p.12

**POIL** p.13

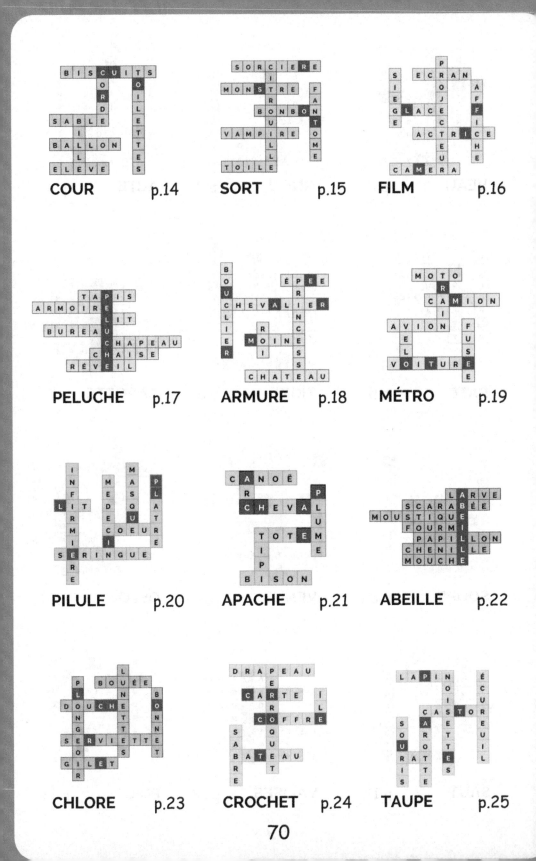

**COUR**     p.14

**SORT**     p.15

**FILM**     p.16

**PELUCHE**     p.17

**ARMURE**     p.18

**MÉTRO**     p.19

**PILULE**     p.20

**APACHE**     p.21

**ABEILLE**     p.22

**CHLORE**     p.23

**CROCHET**     p.24

**TAUPE**     p.25

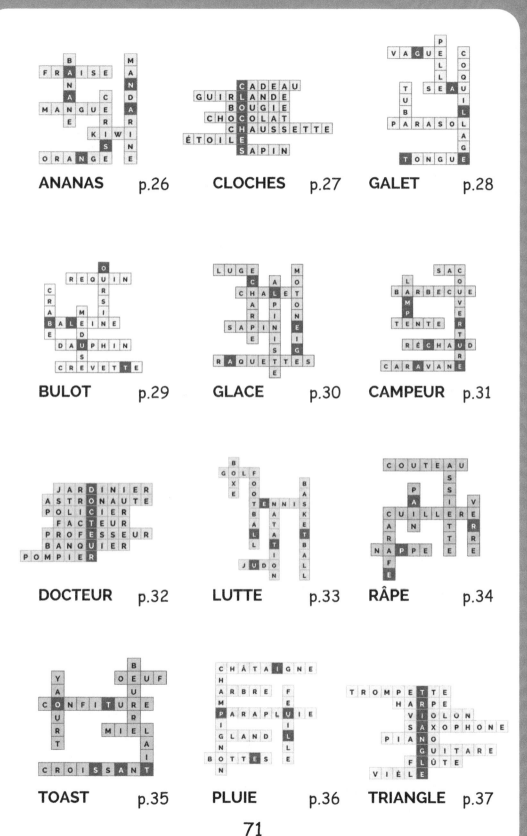

**ANANAS** p.26

**CLOCHES** p.27

**GALET** p.28

**BULOT** p.29

**GLACE** p.30

**CAMPEUR** p.31

**DOCTEUR** p.32

**LUTTE** p.33

**RÂPE** p.34

**TOAST** p.35

**PLUIE** p.36

**TRIANGLE** p.37

71

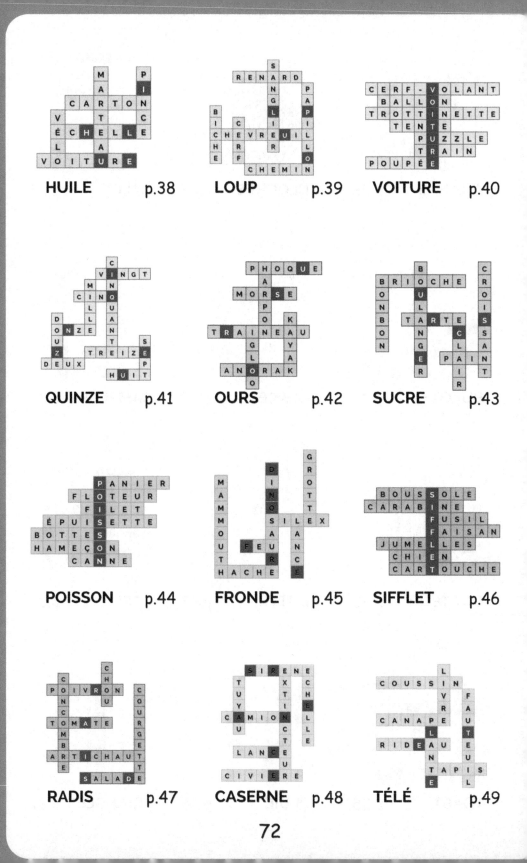

**HUILE**    p.38

**LOUP**    p.39

**VOITURE**    p.40

**QUINZE**    p.41

**OURS**    p.42

**SUCRE**    p.43

**POISSON**    p.44

**FRONDE**    p.45

**SIFFLET**    p.46

**RADIS**    p.47

**CASERNE**    p.48

**TÉLÉ**    p.49

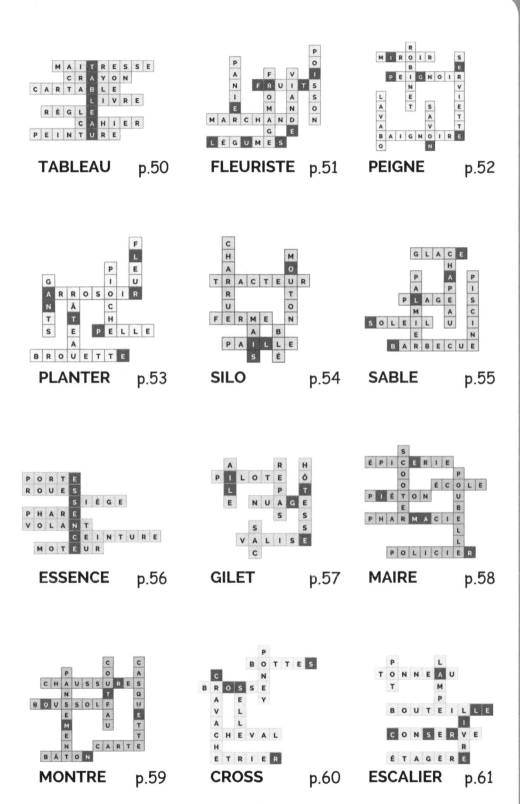

**TABLEAU** p.50

**FLEURISTE** p.51

**PEIGNE** p.52

**PLANTER** p.53

**SILO** p.54

**SABLE** p.55

**ESSENCE** p.56

**GILET** p.57

**MAIRE** p.58

**MONTRE** p.59

**CROSS** p.60

**ESCALIER** p.61

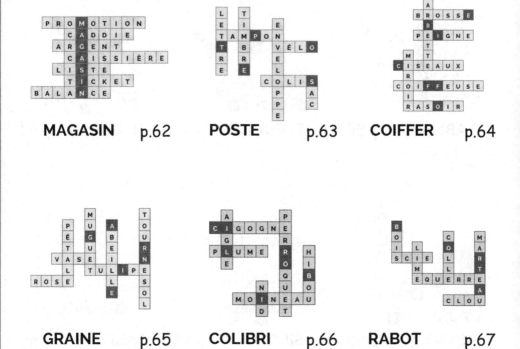

**MAGASIN** p.62

**POSTE** p.63

**COIFFER** p.64

**GRAINE** p.65

**COLIBRI** p.66

**RABOT** p.67

Made in the USA
Coppell, TX
16 December 2024

42817288R00046